F. W. Vögelein

Evangelisches Missions-Album

Bilder aus Japan nach Photographien

F. W. Vögelein

Evangelisches Missions-Album
Bilder aus Japan nach Photographien

ISBN/EAN: 9783743378797

Hergestellt in Europa, USA, Kanada, Australien, Japan

Cover: Foto ©ninafisch / pixelio.de

Manufactured and distributed by brebook publishing software (www.brebook.com)

F. W. Vögelein

Evangelisches Missions-Album

Evangelisches Missions-Album.

Bilder aus Japan nach Photographien.

Gesammelt und erklärt von

Missionar F. W. Vögelfin.

Verlag der Evangelischen Gemeinschaft, Cleveland, O.
Lauer & Mattill, Verwalter.
1894.

Nippon.

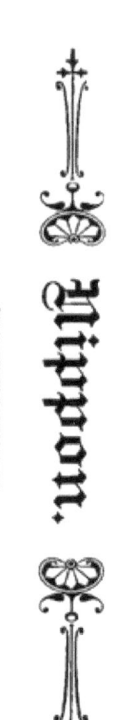

Der eigentliche Name Japans ist Nippon, d. h. „Land der aufgehenden Sonne." Die Geschichte Japans beginnt mit der Gründung des Reichs etwa 660 vor Christi, und von jener Zeit an sind die Annalen der Kaiser getreulich bis auf unsere Zeit fortgeführt worden. Diese Annalen stellen fest, daß Japan die älteste Dynastie der Erde besitzt. Auch besaß das japanische Volk schon seit altersgrauer Zeit eine gewisse Civilisation; denn sie kannten schon damals den Ackerbau und wußten ihn zu pflegen; auch hatten sie sich in religiöser Hinsicht vom Naturdienst zu einem gewissen Ahnencultus erhoben, der sich bis auf unsere Zeit unter dem Namen „Schintoismus" erhalten hat. In den mannigfaltigen Erscheinungen des Volkslebens gibt es nichts, was dem Verständniß der Europäer so fern liegt, als das, was sich auf religiöse Dinge bezieht. In den Tempeln und Götzenbildern, in den heidnischen Ceremonien und Gebeten äußern sich die verschiedenartigsten menschlichen Bedürfnisse. Zwei heidnische Culte sind es, die in Japan zur Herrschaft gelangt sind und neben einander stehen, zwei Religionen, denen tausende Tempel und Priester dienen, nemlich der S ch i n t o i s m u s und der B u d d h i s m u s.

Kommt nun wohl mittelst dieser Culte das religiöse Bedürfniß zum Ausdruck, so fehlt ihnen aber gerade das, womit das tief empfundene Bedürfniß befriedigt werden kann. Es wurde daher schon viel von einer Reform oder Neubelebung dieser Systeme gesprochen; allein das ist einfach unmöglich, wie alle bisherige Versuche bewiesen haben. Das wahre Christenthum allein ist geeignet, den tiefen religiösen Zug, der besonders im bessern Theil des Volks sich noch findet und gibt, völlig zu befriedigen und diesen bei seinem geistlichen Erwachen ein treuer und sicherer Leitstern zu sein. Daher treibt auch die Evangelische Gemeinschaft Mission in Japan. Dazu sind die Missionshäuser, das Seminar und die Capellen vorhanden, und die Missionare, welche von der Kirche in dieses große Erntefeld gesandt wurden, arbeiten sammt den eingebornen Arbeitern dahin, diesen im Finstern sitzenden Volke das helle Licht des seligmachenden Evangeliums zu bringen.

Aus diesem hoffnungsvollen Missionsgebiet Manches in Wort und Bild sehen zu können, wird ohne Zweifel jeder evangelische Missionsfreund mit Freuden begrüßen. Also gehe dann dieses Evangelische Missions-Album in Gottes Namen zu allen Missionsfreunden und bringe ihnen, wo es einkehrt, einen freundlichen Gruß aus Japan.

Tokio, den 1. September 1893.

F. W. V.

1. Der Kaiser von Japan.

2. Die Kaiserin von Japan.

3. Der Kronprinz von Japan.

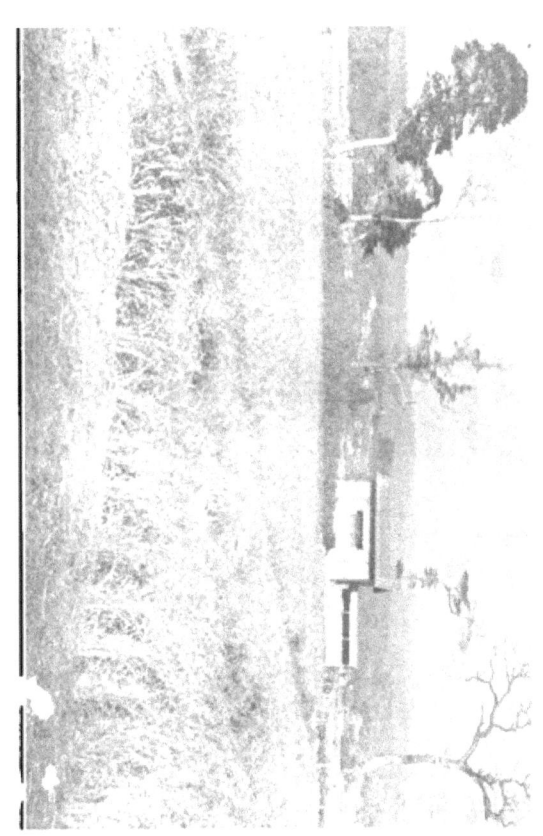

4. Der Fuji-Berg.

5. Dai Butsu von Kamakura.

6. Das Schinto-Thor von Nikko.

7. Das Thor zum Jeyasu-Tempel.

8. Die Pagode von Nikko.

9. Vor einem japanischen Gasthaus.

10. Missionshaus in Tokio.

11. Missionshaus No. 50 Tukiji.

12. Das Seminar in Tokio.

13. Lehrer und Studenten.

14. Das Reispflanzen.

15. Reisernte.

17. Beim Theepflücken.

18. Frauen der Missionare.

19. Eine Bootfahrt.

21. Notsuya=Capelle.

23. Die Togane=Capelle.

24. Eine Gruppe unserer Leute.

25. Japan-Konferenz.

26. Missionarinnen und Bibelfrauen

27. Die Krecker=Memorial=Kirche.

28. Ein Jugendverein.

29. Bischof Eicher's Abschied.

50. Die Uschigome-Capelle.

31. Japanische Sonntagsschüler.

32. Missionshaus No. 49 Chukfi.

55. Unsere Gräber in Japan.

Der Kaiser von Japan.

Der Name Sr. Majestät ist Mutsu Hito. Dem früheren Kalender Japans zufolge wurde dieser erlauchte Fürst am 22. Tag des 9. Monats, also am 5. November 1852 in der früheren Regierungsstadt Kioto geboren und ist der zweite Sohn des verstorbenen Kaisers Komei. Nach dem Tode seines Vaters bestieg er am 15. Februar 1866 den Thron. Bis zu dieser Zeit galten die Kaiser Japans als Heiligkeiten, die vom Volk nicht gesehen werden durften. Dieser junge Kaiser schlug unter Leitung weiser Rathgeber bald nach seiner Thronbesteigung einen neuen Curs ein, indem er sich seinem Volk nicht nur zeigte, sondern auch anfing, in selbstständiger Person, anstatt nur dem Namen nach, zu regieren, was bis dahin nicht der Fall gewesen war. Auch verlegte er behufs dessen den Regierungssitz von Kioto nach Tokio, welches bis dahin Yedo hieß. Er führte nach und nach gewaltige Reformen ein, gab seinem Volk größere Freiheit, schaffte das Feudalwesen ab und gab dem Lande vor einigen Jahren sogar eine Reichsverfassung, der die deutsche Reichsverfassung als Muster diente. Er erwies sich stets als ein kluger Regent und ist im ganzen Reich sehr beliebt.

Die Kaiserin von Japan.

Ihre Majestät die Kaiserin heißt Haruko. Sie wurde am 29. Mai 1850 geboren und ist die Tochter von Ichijo Tadaka, einem Adligen ersten Ranges. Am 9. Februar 1868 verehelichte sie sich mit dem jetzigen Kaiser. Sie ist eine ebenso intelligente als liebenswürdige Person, dazu eine große Wohlthäterin ihres Volkes, die es sich nicht nehmen läßt, selbst Kranke zu besuchen, und in Zeiten schwerer Heimsuchungen durch Erdbeben (die in Japan nicht selten vorkommen), Seuchen oder Feuersbrünste verwendet sie oft große Summen zur Linderung der Noth. Sie wird infolgedessen von ihrem Volke sehr verehrt und geliebt. Auch nimmt sie sich besonders der Erziehung und höheren Bildung des weiblichen Geschlechts an, wodurch dieser edlen Sache großer Vorschub geleistet wurde. Auch hat sie vor mehreren Jahren „Kleiderreform" beim weiblichen Geschlecht einzuführen gesucht, und zwar dadurch, daß sie die europäische Kleidertracht am Hofe einführte und empfahl. Damit hatte sie aber bisher weniger Erfolg als in anderen guten Reformen.

Der Kronprinz von Japan.

Der erstgeborne Sohn des Kaisers heißt Yoshi Hito, Haru no Miya. Er wurde geboren am 31. Tag des 8. Monats im 10. Jahr Meiji's, d. h. am 31. August im 10. Regierungsjahr des jetzigen Kaisers. Seiner Ausbildung wird große Aufmerksamkeit geschenkt, und zwar geschieht dieselbe im modernen Sinne des Worts. Nebst dem Unterricht durch Privatlehrer im Palast wurde ihm zur Pflicht gemacht, die Schule der Adeligen (Nobles' School) eine Reihe von Jahren zu besuchen, was noch kein japanischer Kaisersohn gethan hatte. Er mußte sich gleich den Andern den Prüfungen unterziehen, welche er den Berichten zufolge trefflich bestand. Nach dem letzten Schuljahr (1895) trat unter Anderm die Aufgabe an ihn, eine der europäischen Sprachen zu studiren (Deutsch, Englisch oder Französisch). Es wurde ihm hierin die Wahl gelassen, und er entschied sich für die deutsche Sprache. Er scheint in jeder Hinsicht ein gewecker Prinz zu sein und dürfte einstens ein würdiger Nachfolger seines kaiserlichen Vaters werden.

Der Fuji-Berg.

Die Japaner sind äußerst stolz auf diesen höchsten und schönsten Berg ihres Landes. Derselbe ist ein erloschener Vulkan und liegt zwischen den Provinzen Suruga und Koshu, etwa 80 Meilen südwestlich von der kaiserlichen Residenzstadt Tokio, von wo aus er bei klarem Wetter deutlich gesehen werden kann. Die Höhe des Berges ist etwa 12,500 Fuß. Die ausländische Bezeichnung Fuji-yama kommt von dem poetischen Ausdruck Fuji-no-yama, d. h. Berg von Fuji. In alten japanischen Geschichten liest man viel von der Thätigkeit dieses Vulkans, welcher Jahrhunderte lang Feuer, Rauch und Schwefel aus seinem mächtigen Krater warf. Infolge der Schneemassen, welche den Fuji den größten Theil des Jahres bedecken, kann er bloß im Juli und August ohne Gefahr bestiegen werden. Den Japanern gilt dieser Berg von jeher als heilig, und es haben sich viele Sagen um denselben gewunden. Es besteigen jährlich von 50 bis 80 Tausend weiß gekleidete „Pilger" den Berg, um dort oben anzubeten. Dem Christen aber verschwindet die Herrlichkeit dieses Berges im Lichte des Hügels Golgatha.

Dai Butsu von Kamakura.

Der Dai Butsu, d. h. der Große Buddha, in der Nähe von Kamakura, 55 Meilen von Tokio, ist eins der größten Götzenbilder Japans. Es befindet sich unter freiem Himmel in einer sehr prächtigen Anlage, wie aus S. 5 stehendem Bilde zu ersehen ist. Dieser Großbuddha ist 49 Fuß und 7 Zoll hoch. Sein Umfang mißt 97 Fuß und 2 Zoll. Die Länge seines Gesichts ist 8 Fuß und 5 Zoll. Seine Augen sind 4 Fuß lang, die Augenbrauen 4 Fuß 2 Zoll. Die Länge seiner Ohren ist 6 Fuß und 6 Zoll; die Nase mißt 5 Fuß 9 Zoll, das Maul 3 Fuß 2 Zoll. Seine Kopfbedeckung soll Haarlocken vorstellen, es sind deren nicht weniger als 830. Seine Augen sind aus reinem Gold und Silber hergestellt, während das Uebrige des Bildes aus Bronce besteht. Das Fundament, worauf der Götze sitzt, besteht aus Granit. Zu seiner Linken unten ist ein schmaler Eingang, welcher in sein „Inneres" führt, woselbst sich ein Schrein und mehrere Götzen befinden. Bisweilen setzen sich Leute in seinen Schooß, wann er photographirt wird. Dieses Götzenbild ist etwa 645 Jahre alt.

Das Schinto-Thor von Nikko.

Eigentlich ist dies kein Thor, sondern blos ein großes Gestell. Es soll aber ein Thor vorstellen, wodurch der gläubige Schintoist betend geht, wenn er sich zum Tempel begibt. Es ist daher vor jedem Schinto-Tempel ein solches „Thor," woran man schon von ferne erkennt, daß der im benachbarten Hintergrund stehende Tempel dem Schintoismus angehört. Die einfacheren Tempel haben ein hölzernes Thor, während die „besseren" Thore aus Stein gebaut werden. Das Thor zu Nikko ist sehr berühmt, zum Theil darum, weil es ein Geschenk des einst berühmten Prinzen Chikuzen ist, der es im Jahre 1618 aus seinem eigenen Steinbruch hauen ließ. Dessen Höhe beträgt 27 Fuß und 6 Zoll, und die Pfeiler sind 5 Fuß 6 Zoll im Durchmesser. Man passirt durch dieses Thor auf dem Wege zum Jeyasu-Mausoleum.

Das Thor zum Jeyasu-Tempel.

Dies ist eins der kunstreichsten und prächtigsten buddhistischen Tempelthore in Japan. Unser Raum gestattet nicht eine Beschreibung der feinen Kunstarbeit, und eine Photographie läßt derselben nicht Gerechtigkeit widerfahren. Dasselbe muß von dem Tempel im Hintergrund gesagt werden, welcher Millionen gekostet hat und beides von Außen und Innen reich geschmückt ist. Dies ist einer der prächtigsten Tempel in Japan und ist dem Andenken des berühmten Jeyasu geweiht. Jeyasu, der Begründer der Stadt Tokio, regierte vor 250 Jahren als Feudalfürst mit großer Gewalt. Er führte das Feudalsystem ein, welches über 200 Jahre fortbestand, bis der jetzige Kaiser dasselbe abschaffte. Auch fällt in seine Regierungszeit der Anfang der grausamen Verfolgung der katholischen Christen, welche durch portugiesische Priester „christianisirt" worden waren. Hinter obigem Tempel in dem schönen Nikko-Gebirge, 91 Meilen von Tokio, befindet sich die Gruft dieses Fürsten.

Die Pagode von Nikko.

Diese fünf Stockwerk hohe Pagode befindet sich innerhalb des prächtigen Tempelgrundes von Jeyasu's Tempel. Deren Höhe ist 104 Fuß, und das Dach mißt 18 Fuß auf jeder Seite. Dieses schöne Monument ist ein Geschenk des in der Geschichte Japans rühmlichst bekannten Sakai Wakasa-no-Kami und stammt aus dem Jahre 1650. Um den unteren Stock stehen in Lebensgröße die 12 Figuren der astronomischen Himmelszeichen (Zodiac). Im Innern dieses Stockwerks befinden sich Götzenbilder, welche von allen Seiten der stets offen stehenden Pagode her von den „Gläubigen" angebetet werden. Zu einer Festzeit hat einst Schreiber dieses die Pagode auf ihren vier Seiten von mehreren hundert Heiden umstellt gesehen, welche sich vor den Götzen verbeugten und dieselben anbeteten. Die Malerei und Kunstarbeit, welche von unten bis oben in vollkommener Symmetrie ausgeführt ist, dürfte jeden Kunstfreund ansprechen, während das damit verbundene Götzenwesen abstößt.

Vor einem japanischen Gasthaus.

Auf Missionsreisen müssen die Missionare gewöhnlich in japanische Gasthäuser einkehren. Die Einrichtung derselben ist, wie die der japanischen Wohnungen überhaupt, ganz verschieden von der amerikanischer Gasthäuser. Vorn in der unmittelbaren Nähe des Einganges befindet sich die Küche, der offene Baderaum und Waschplatz, während die besten Zimmer sich immer auf der Rückseite des Hauses befinden. Diese Räume bestehen aber in der Regel blos aus vier Papierwänden und einem mit dicken Matten bedeckten Fußboden, auf welchem sich die Gäste niederkauern. Die Speise, nebst dem unentbehrlichen Thee gewöhnlich aus Reis, Fisch und etwa eingemachten Rettigen bestehend, wird auf niederen Ständchen auf dem Boden vorgestellt. Auch schläft man in denselben Zimmer auf dem Boden. Das Bettzeug, welches auf den Boden hingebreitet wird, besteht aus baumwollenen Decken (Comforts) ohne Ueberzug, welche dann Morgens zur „Lüftung" hinausgehängt werden. Seite 9 stehendes Bild zeigt das Gasthaus in Utsunomia, wo Bischof Esher und F W Vögelein vom 2. auf den 3. Juni 1893 übernachteten.

Missionshaus in Tokio.

Das Missionshaus No. 44 Tsukiji, von dem wir auf dem Bilde die Front zeigen, ist wie das No. 50 ein Doppelhaus. Missionar G. E. Deist bewohnt die Osthälfte des Hauses und Missionar F. W. Fisher die Westhälfte. Die beiden Familien nebst Dienstboten stehen auf der zweiten Veranda auf ihren respectiven Seiten. Die beiden Häuser No. 44 und No. 50 Tsukiji sind Eigenthum der Missionsgesellschaft der Ev. Gemeinschaft und wurden im Jahre 1884 errichtet, nachdem das Jahr vorher die General-Conferenz in Allentown, Pa., das nöthige Geld dafür bewilligt hatte. Die Baustelle für diese Häuser wurde im Februar 1884 von der japanischen Regierung gekauft. Diese Häuser sind einfach, aber dauerhaft gebaut, sind von gleicher Größe und gleichem Aussehen, so daß unser Bild auch die Front von No. 50 darstellt. Die Verandas dieser Häuser wurden erst in 1892 angebracht, wofür die Missionsbehörde in 1891 das Geld bewilligte. Dies war wegen des feuchten Klimas nöthig.

Missionshaus No. 50 Tsukiji.

Die Ostseite dieses Hauses, die auf dem Bild gezeigt wird, wird von Missionar F. W. Vögelein und die Westseite von Missionar J. J. Seder bewohnt. Auf dem Bilde steht vorn Bischof Esher, dann Br. und Schw. Vögelein und hinten die Dienstmagd. Die beiden vordern Zimmer hinter dem Bischof und Br. V. bewohnte der Bischof während seines Hierseins in 1895, desgleichen in 1885, als er mit seiner werthen Gattin seinen ersten Besuch in Japan machte. Die Ostseite dieses Hauses steht dem Haus No. 44 gegenüber, während die Westseite nach der Straße gekehrt ist.

Diese Häuser sind aus Holz und Ziegel (Tiles) mit guten Steinfundamenten hergestellt. Die Außenwände und Dächer sind mit Ziegeln bedeckt, und ein inneres Holzgestell trägt die Gebäude. Für die Dauerhaftigkeit derselben spricht auch die Thatsache, daß sie schon manche heftige Erdbeben bestanden haben, ohne merklichen Schaden zu leiden.

Das Seminar in Tokio.

Dieses Haus, welches schon mehrere Jahre als unser Evangelisches Theologisches Missionsseminar Verwendung findet, war früher ein einfaches Wohnhaus. Es war Missionar Vögelein's erste Wohnung in Japan (in 1884). Damals war es noch nicht Eigenthum der Ev. Gemeinschaft, wurde aber mit dem größeren nordseren Haus auf demselben Grundstück (No. 49) im Jahre 1885 zu einem sehr mäßigen Preis für die Missionsgesellschaft der Ev. Gemeinschaft angekauft und hat seitdem schon gute Dienste geleistet. Nachdem es einige innere Veränderungen erfahren hatte, eignete es sich vortrefflich für Schulzwecke. Dasselbe grenzt seiner Länge nach an unser Missionseigenthum No. 50 und ist mithin mit unserm gesammten Missionseigenthum in Tsukiji, Tokio, schön verbunden. Unser Bild wurde vom Hause No. 50 aus genommen. Am Eingang stehen die Lehrer und im Hof eine Unzahl der Zöglinge.

Lehrer und Studenten.

Auf diesem Bilde wird nebst den Lehrern, die der Leser leicht herausfinden wird, der Nachwuchs der Japan-Conferenz vorgestellt. Früher dienten sämmtliche Missionare auch als Lehrer im Seminar; aber man hat es vortheilhafter gefunden, einem Bruder die Hauptarbeit im Seminar zu übertragen, so daß die andern sich mehr der eigentlichen Missionsarbeit widmen können. Br. J. J. Seder ist nun Hauptlehrer. Der Zweck des Seminars ist, jungen Brüdern, die aus dem Heidenthum gerettet worden sind und die sich zum Predigtamte von Gott berufen glauben, eine den eigenthümlichen Verhältnissen, wie dem hohen Alter entsprechende Ausbildung zu ermöglichen. Daß eine solche Anstalt im Heidenlande eine unbedingte Nothwendigkeit ist, wird unseren Missionsfreunden wohl einleuchten. Schaut auch diese Schaar junger Männer an und sagt, ob diese Frucht unserer Heidenmission nicht jedes Christenherz erfreuen muß! Und sie werden wieder wie ein guter Same sein, der Früchte hervorbringt zur Verherrlichung des Herrn.

Das Reispflanzen.

In der japanischen Landwirthschaft nimmt der Reisbau die hervorragendste Stelle ein. Da es fast unmöglich ist, auf nicht bewässertem Boden guten Reis zu gewinnen, so wird im ganzen Land das bewässerbare Land dem Reisbau gewidmet. Die Bewässerungskunst hat in Japan eine Vollkommenheit erreicht, wie sie wohl kein anderes Land aufweisen kann. Im Frühjahr werden alle Reisfelder bis zur Pflanzungszeit im Juni unter Wasser gestellt. So wird die Erde bis tief hinab erweicht. Darauf waten die Arbeiter beiderlei Geschlechts bis über die Kniee in das Wasser und den Morast hinein und bearbeiten mit großen Hauen den schmierigen Boden. Nachdem der Boden zubereitet ist, werden die Reispflänzchen in denselben gesteckt, und zwar immer reihenweise, so daß, nachdem der Reis zu wachsen anfängt, die Felder, welche meistens klein sind und nach dem Wasserlaufe gleichsam stufenweise über einander liegen, recht hübsch, so zu sagen, wie Gärtchen aussehen. Die Arbeit ist aber sehr mühsam, und der Lohn dieser Arbeiter beträgt blos von 10 zu 12 Cents den Tag.

Reisernte.

Die Reisernte findet im October und November statt. Die federspulbicken Halme des Reisgrases erreichen eine Höhe von etwa 5 Fuß. Ist der Reis reif zur Ernte, so eilt Alles, was helfen kann, Männer, Frauen und Kinder, mit japanischen Sicheln bewaffnet, ins Erntefeld, um die edle Frucht einzuheimsen. Büschel um Büschel wird mit der Sichel abgeschnitten und in kleine Garben gebunden, welche zunächst an langen zaunartigen Gerüsten aufgehängt und vollends getörrt werden. Die Erntezeit ist in Japan, namentlich wenn die Ernte recht ergiebig ist, wie überall, eine Zeit großer Freude; denn der Reis ist eben eine ihrer wichtigsten Nahrungsmittel. Möchten sie sich doch auch recht über den Herrn und seine Gnade freuen, wie der Prophet Jesaia sagt: „Vor dir aber wird man sich freuen, wie man sich freuet in der Ernte; wie man fröhlich ist, wenn man Beute austheilet." Denn „das Volk, so im finstern wandelt, siehet ein großes Licht, und über die da wohnen im finstern Lande, scheinet es helle."

Putzen des Reises.

Das Ausdreschen des Reises geschieht in verschiedenen Ländern auf verschiedene Weise. In Egypten geschieht es durch eiserne cylindrische Stampfen, die durch ein Rad, welches von Ochsen getrieben wird, bewegt werden. Anderswo legt man das ausgedörrte Reisstroh auf über der Erde ausgebreitete Matten und läßt es durch Ochsen austreten oder durch Menschen ausdreschen. In Japan wird besonders eine scharfe metallene Hechel gebraucht, um die Hülsen vom Stroh zu befreien. Von den Hülsen wird der Reis erst auf der Mühle gereinigt. Unter Bild veranschaulicht uns dieses Putzen. Wird der Reis nicht bald verbraucht, vielmehr ausgeführt, so muß er in der Sonnenhitze oder über gelindem Feuer gedörrt werden, weil er sonst leicht verdirbt. Auch in Ost- und Westindien, China und Afrika wird nicht nur viel Reis gebaut, sondern auch viel verbraucht. Vornehme wie Geringe essen täglich gekochten Reis, welcher auf die verschiedenste Art zubereitet wird.

Beim Theepflücken.

Nächst dem Reis nimmt der Thee den ersten Rang unter den Producten Japans ein, besonders auch, weil viel davon exportirt wird, namentlich nach Amerika. Europa bezieht seinen Thee größtentheils von China und Indien, Amerika den seinen dagegen von Japan. Japan producirt sehr guten Thee. Die erste Ernte ergibt eine köstliche Waare, aber davon kommt des hohen Preises wegen nur wenig in den ausländischen Handel. Es gibt nemlich jährlich drei Ernten. Die erste Ernte findet statt, sobald die Pflanzen im Frühjahr ihre ersten Blätter gewinnen. Diese werden eilig gepflückt, denn sie bringen den höchsten Preis und finden immer schnellen Absatz. Die zweite Ernte ist schon minder gut, und die dritte bringt den „billigen Thee." So erhält man drei Qualitäten Thee. Aber auch Land und Klima üben einen ungemein großen Einfluß auf den Theewuchs aus. So ist z. B. ein Gebiet unweit der Stadt Osaka, welches den besten Thee in Japan liefert. Derselbe ist so berühmt und beliebt, daß er fast ganz von den Fürsten und dem Adel Japans monopolisirt wird. Ein Pfund koste etwa $6.00.

Frauen der Missionare.

Der freundliche Leser vergleiche das Seite 18 stehende Bild mit dem auf Seite 26 und ermittele die Namen der Schwestern. Bei dem Vergleiche wird er auch den Eindruck erhalten, daß unsere Missionsfrauen mehr zu thun haben, als per Droschke spazieren zu fahren; ja, dieses wird wohl ein seltenes „Vergnügen" sein, wohingegen Arbeit ihnen von allen Seiten entgegentritt. Es gebührt unsern Schwestern, rühmend hervorgehoben zu werden, daß sie an der Seite ihrer Männer mit rechter Hingebung ihrem hohen Berufe als Missions-Gehülfinnen obliegen. Sie haben nicht wenig drangegeben, als sie sich entschlossen, im Interesse der Reichssache Christi ihr Leben mit den Ihrigen im fremden Lande zuzubringen, fern von lieben Angehörigen, und noch dazu im Heidenlande, fern von manchen gewohnten religiösen Einflüssen und christlichen Vorrechten. Aber der Herr wird sie dafür reichlich segnen, und die Kirche zollt ihnen Anerkennung und versichert sie ihrer Fürbitte. Dies schreibt aber nicht F. W. D., sondern — ein Missionsfreund.

Eine Bootfahrt.

Das meerumschlungene Japan ist reich an Meerbusen, größeren und kleineren Seen und Strömen, auf denen man sich nach verschiedenen Richtungen hin mittelst Flachboote befördern lassen kann. Auf ihren Missionsreisen bedienen die Missionare sich oft dieser Fahrzeuge.

Unser schönes Bild stellt eine Bootfahrt unserer Missionare mit Bischof Eicher vor. Der Bischof sitzt zwischen den Brüdern Vögelin und Fischer, zur Rechten von Br. V. ist Br. Seder, dann Br. Reitz und Br. Dienst. Hinten im Boot steht ein Japaner am Ruder, und die zwei andern haben lange Pfähle, womit sie das Boot stromaufwärts schieben. Leider hat die Reflection des Wassers der Gesichter der Insassen verdunkelt. Der Strom ist der Sumida-gawa bei Tokio, welcher etwa ½ Meile unterhalb der Stadt in die Yedo-Bai mündet. Das gegenüber liegende Land ist eine kleine Fischerinsel im Strom, worauf sich auch ein Schinto-Tempel und eine große Strafanstalt befindet.

Auf Jinrikisha.

Die Missionare in Japan reisen auf mancherlei Weise, häufig auch zu Fuß über hohe Berge. In Städten und auf den besseren Landstraßen kommt nicht selten das Jinrikisha in Anwendung. Im Innern des Landes auch der Basha, ein ein- oder zweispänniger Deckelwagen. An manchen Stellen können die Missionare sich auch der Eisenbahn bedienen, was natürlich das bequemste ist und am schnellsten geht. Ueber die Entstehung der Jinrikishas in Japan, die im ganzen Land gebraucht werden, in der Stadt Tokio allein nicht weniger als 40,000, ist man im Unklaren. Die Angabe, daß früher ein Amerikaner, Namens Goble, zur Zeit seines Hierseins dieselben erfunden habe, scheint am glaubwürdigsten. Das dreifache Wort „jin-riki-sha" meint buchstäblich: „Mann-Kraft-Wagen" (Man-power-vehicle) und ist chinesischen Ursprungs. Der einfache japanische Name wäre Kuruma, welcher auch öfter gebraucht wird. Das Jinrikisha hat auch bereits seinen Weg nach China, Malakka und Indien gefunden. Auf unserem Bilde fahren der Reihe nach Bischof Elsher und die Missionare Vögelein, Fischer, Dienst, Seder und Reid.

Lotsuya-Capelle.

Dies ist eine der Capellen, welche errichtet wurde mit dem Gelde, das Br. Döge= lein bei Gelegenheit seines Besuchs in Amerika in 1891-92 von den liberalen Missionsfreunden für diesen Zweck bekam. Die andere ist die Togane-Capelle. Aber auch die japanischen Geschwister haben nach Vermögen ihre Scherflein dazu beigetragen. Auf unserem Bilde sieht man im Eingang Bischof Elder und Br. Fischer. Vor dem Bischof steht Schw. Kaneko, die Predigersfrau, und bei ihr Schw. Ji, die Bibelfrau von Lotsuya, nebst zwei anderen Schwestern der Gemeinde daselbst, welche zufällig zugegen waren. Ueber dem Eingang ist in chinesischer Schrift "Lot= suya-Kirche der Ev. Gemeinschaft" zu lesen, und auf der rechten Seite des Eingangs ist in kleinerer Schrift die Zeit der Gottesdienste angegeben. Lotsuya ist ein bedeutender Theil der Stadt Tokio. Hier machten die Brüder in 1889 den ersten Versuch, Eingang zu bekommen, und mietheten behufs dessen ein kleines Haus, wo sie predigten. Der Herr segnete ihre Arbeit, so daß endlich Privathäuser zu klein wurden und die Errich= tung einer Capelle zur Nothwendigkeit wurde.

Japanische Frauenversammlung.

Nummer 22 ist das Bild der Nothaya-Frauenversammlung im Juni 1895. Frau Dögelein und die neben ihr sitzende Bibelfrau ertheilen dort regelmäßig Religionsunterricht. Solche Frauenversammlungen sind in Japan ein besonderes Bedürfniß, da die Bildung des weiblichen Geschlechts von der des männlichen wesentlich verschieden ist. Daher kommt es, daß manchen Frauen in den Predigtgottesdiensten Manches unverständlich bleibt; denn der Stil des Redners erscheint ihnen fremd, und die mancherlei technischen Ausdrücke, die dem Chinesischen entstammen und in der reinen japanischen Sprache gar nicht vorkommen, verstehen sie nicht. Aus dem Grund machen sich's die Schwestern zur Aufgabe, in den Frauenversammlungen diesen Mangel zu ersetzen und den Mädchen und Frauen in allereinfachster Weise das Wort Gottes zu erklären. Durch diese Arbeit ist schon viel Segen gestiftet worden.

Die Togane=Capelle.

Bei Bischof Either's Besuch im Mai 1895 ließen die Glieder von Togane diese Capelle photographiren. Der Künstler hätte aber eine andere Stellung nehmen sollen. Dieses Bild wird der recht netten Capelle nicht gerecht und zeigt blos die Front derselben. Sie ist von gleicher Größe wie die in Rothuya. Dieselbe wurde im Herbst 1892 errichtet und am 26. Februar 1893 zum Dienste des Dreieinigen Gottes eingeweiht. Sie kostete 600 Yen, wovon die Gemeinde einen Drittheil, also 200 Yen selbst beitrug. — Togane ist ein bedeutender Ort, 40 Meilen östlich von Tokio und blos 5 Meilen vom Stillen Meer gelegen. Unsere Missionsarbeiter machten im Frühjahr 1890 den ersten Versuch, das Werk Gottes daselbst zu beginnen. Der Herr gab seinen Segen dazu, und die Aussichten fingen an, sich günstig zu gestalten. Es wurde daher im Juli desselben Jahres eine Mission daselbst angelegt und ein Prediger hinbestimmt, der mit gutem Erfolg wirkte. Im Laufe von drei Jahren bekehrten sich etwa 50 Seelen. Dies ist die einzige christliche Capelle in dieser Stadt und in weiter Umgegend.

Eine Gruppe unserer Leute.

Auch dieses Bild ließen die Freunde zum Andenken an Bischof Elsher's Besuch in Togane abnehmen. Es geschah dies am Samstag Nachmittag den 27. Mai 1895, gerade vor Abhaltung der Vierteljahrs-Conferenz. Mit Ausnahme der Zwei, die sich am rechten Flügel der zweiten und dritten Reihe befinden, sind die Brüder alle Mitglieder der Vierteljahrs-Conferenz. Zur Rechten von Bischof Elsher sitzt Br. Ayeno und zur Linken von Br. Vögelein der Prediger der Toganer Mission, Ishikawa. In den vordern Reihen kniet eine Anzahl der Sonntagsschulkinder nebst einer der Lehrerinnen. Der alte Vater mit dem weißen Bart ist der Classführer von Togane, und zu seiner Rechten sitzt Br. Pokoya, der Gehülfsprediger des Arbeitsfeldes. Links neben dem Prediger, Br. Ishikawa, befindet sich Br. Katayama, seit vorigem Jahr Localprediger. Diese junge Gemeinde, nebst einer Anzahl Glieder in Nachbardörfern, wo wir Predigtplätze haben (im Ganzen 8 auf dem Felde), ist ein wackeres Häuflein Gotteskinder, die um ihres Glaubens willen nicht wenig Schmach und Verfolgung zu erdulden haben.

Japan-Conferenz.

Namen der Mitglieder der Conferenz (von links nach rechts): Hintere Reihe: U. Jnouye, Kaneko, Matatsubo, B. Jnouye, Nito, Kosoya, Uyeno, Takano, Jshikawa, Endo. Vordere Reihe: Shimidzu, Hirakawa, Neitz, Fischer, Bischof Elsher, Vögelein, Dienst, Seder.

Die Japan-Conferenz der Evang. Gemeinschaft wurde unter Gottes kräftigem Beistand durch Bischof J. J. Elsher am 15. Juni 1893 in der Kreeker-Memorial-Kirche in Tsukiji, Tokio, organisirt. Bei dieser, in der Geschichte dieser Mission für immer denkwürdigen Gelegenheit offenbarte sich die Gnade Gottes besonders kräftig in den Herzen dieser Streiterschaar, und unter dem Segen des Herrn kam endlich das zu Stande, worauf man schon so lange gehofft und wofür schon viel gearbeitet und gebetet worden war. Bald nach der Organisation der Conferenz wurde unser Bild genommen. Zwei dieser Brüder, nemlich Uyeno und Endo, sind Localprediger. Die andern stehen alle im activen Dienste. Im Lauf dieser ersten Conferenzsitzung traten noch zwei weitere Brüder in den Reisedienst dieser Conferenz ein.

Missionarinnen und Bibelfrauen.

Die Frauen der Missionare stehen in hinterer Reihe in folgender Ordnung (links nach rechts): Netz, Fischer, Vögelein, Dienst, Seder. Ihre Bibelfrauen sitzen in folgender Ordnung: Furuse, Fuji, Pasui, Ji, Miyama, Mozama.

Gleich nach Abnahme der Conferenz wurde auch das Bild dieser Missionsarbeiterinnen von derselben Stelle aus genommen. Die Bibelfrauen arbeiten unter Aufsicht der Frauen der Missionare auf den verschiedenen Arbeitsfeldern in Tokio unter dem weiblichen Geschlecht und unter den Kindern. Wenn sie von Haus zu Haus Besuche machen, wird erwartet, daß sie eine Bibel mitnehmen, um bei jeder passenden Gelegenheit daraus vorzulesen und das gelesene Wort nach Vermögen zu erklären. Einige dieser Bibelfrauen werden gegenwärtig von einzelnen Familien oder Frauenmissionsvereinen in Amerika unterhalten. So unterhalten Br. G. C. Knobel und Familie in Chicago die Schw. Miyama, der deutsche Frauen-Missionsverein von Naperville die Schw. Mozama, der Frauen-Missionsverein der Calvary Church in Cleveland die Schw. Pasui und der St. Paul Jugendbund die Schw. Ji.

Die Krecker=Memorial=Kirche.

Schon vor Bischof Elder's erstem Besuch in 1884 machte sich das Bedürfniß nach einer Kirche in dem Tsukiji=Stadttheil von Tokio geltend, wovon der Bischof sich dann selbst überzeugte. Darauf legte er der Kirche in Amerika den Antrag vor, gerade auf dem Schauplatz der Thätigkeit des vollendeten Dr. J. Krecker und zu dessen Andenken eine Kirche zu errichten. Dieser Vorschlag fand auch sofort allgemeinen Beifall, und bald war behufs Errichtung eines solchen Denkmals für den dahingeschiedenen Gottesmann hinlänglich beigesteuert. Im Herbst 1885 wurde der Bau begonnen und im Frühjahr 1886 vollendet. Am 6. Juni 1886 wurde dieses Gotteshaus durch F. W. Vögelein, der den Plan entworfen und den Bau beaufsichtigt hatte, vor einer zahlreichen Versammlung zum Dienste des dreieinigen Gottes eingeweiht. Es ist ein feuerfestes Gebäude und steht an einem Kanal auf der Ecke einer Kreuzstraße in einem gut gelegenen Theil von Tsukiji, unweit des Fremdenviertels. Sie war zur Zeit die größte dreitheilige christliche Kirche in Tokio und es sind jetzt nur wenige größer als diese.

Ein Jugendverein.

Die Jugendbundsache ist in Japan noch im Anfangsstadium. Zwar waren schon ehedessen Jugendvereine organisirt worden, aber erst kurz vor der Japan-Conferenzsitzung, und zwar auf Anregung von Bischof Elder, wurden dieselben nach der Constitution des Allgemeinen Jugendbundes der Ev. Gemeinschaft organisirt. Einer der ersten Vereine wird in unserem Bilde vorgestellt. Es ist dies der Jugendverein unserer Gemeinde in Shitaya, Tokio. Derselbe wurde unter Anleitung von Missionar Fischer organisirt. Er und Schw. Fischer befinden sich auf dem Bilde. Das Bild wurde am 15. Juni 1895 am Eingang unserer Capelle in Shitaya abgenommen. Die Constitutionen für unsere Jugendbund-Organisationen sind nun in die japanische Sprache übersetzt und im Interesse dieser guten Sache im Druck erschienen. Die jungen Leute in Japan lieben derartige Organisationen, nur liegt eine Schwierigkeit in dem Umstand, daß die meisten Gemeinden in Japan noch verhältnißmäßig klein sind und mithin eine zahlreiche Jugend noch nicht vorhanden ist. Es bestehen jetzt vier Jugendvereine.

Bischof Escher's Abschied.

Als es hieß, Bischof Escher komme nach Japan, da war Freude in den „Hütten der Gerechten." Die meisten unserer japanischen Prediger und Glieder hatten noch keinen Bischof der Evang. Gemeinschaft gesehen. In dankbarer Anhänglichkeit an die Kirche, die sie zum Heil gebracht, freuten sie sich auf den Besuch eines ihrer Oberaufseher. Als endlich der Tag kam, wurde der werthe Bischof in einer von den japanischen Geschwistern veranstalteten Begrüßungsversammlung herzlich willkommen geheißen, und als nach zweimonatlicher Thätigkeit die Zeit seiner Abreise heranrückte, ließen sie sich's wieder nicht nehmen, dem Bischof einen echt japanischen Abschied zu geben. Durch sein liebevolles, väterliches Wesen hatte er Aller Herzen gewonnen. Die Abschiedsversammlung fand am 20. Juni 1895 im Arsenal-Park zu Tokio statt. Dort wechselten Gesang, Gebet und herzliche Abschiedsreden mit einander ab. Des Bischofs letzte Worte werden Allen in gesegnetem Andenken bleiben. Zum Andenken wurde die Versammlung nachher photographirt. Bischof Escher und die Missionsgeschwister sind in der Gruppe.

Die Aschigome-Capelle.

Der linke Flügel dieser Capelle wurde gerade vor Abnahme dieses Bildes im August 1893 angebaut. Vor demselben steht Schw. Vögelein mit etlichen Frauen und Kindern. Der ältere Theil der Capelle wurde 1888 errichtet. Dr. Detweiler von Reading, Pa., gab damals aus eigenem Antrieb das Geld zur Errichtung dieses Gotteshauses. Als aber der Vorschlag gemacht wurde, dies die Detweiler-Capelle zu nennen, gab er keine Zustimmung nicht und wünschte, daß sie nur den Namen des großen Welterlösers tragen und daß darinnen Gottes Heilskraft sich mächtig, offenbaren möge. Sein Wunsch wurde erfüllt; denn schon eine schöne Anzahl Seelen hat hier ihren Heiland gefunden. Infolge dessen wurde die Capelle endlich zu klein, und als Dr. D. dieses erfuhr, gab er wieder genug, um mit der Beihülfe der Gemeinde den neuen Anbau schuldenfrei aufführen zu können. Es ist nun Raum für etwa 500 Personen vorhanden. Das Bild wurde von der Straße aus genommen. Im Eingang stehen Br. Vögelein und Br. Inouye, der Prediger der Gemeinde, und zwischen ihnen sein Söhnlein. Auf der Treppe steht ein Zögling des Seminars.

Japanische Sonntagschüler.

Da wir am Sonntag den Photographen nicht beschäftigen wollten und die Tagesschulen sechs Tage in der Woche gehalten werden, so war es nicht möglich, eine ganze Sonntagschule zusammen zu bringen. Bei Gelegenheit der Aufnahme der Capelle von Ushigome aber konnten wir doch eine schöne Anzahl der dortigen Schüler mit ihren Beamten und Lehrern zu einem Bilde zusammenbringen. Die Sonntagschule hat in Japan schon viel Segen gestiftet. Die Kinder kommen in der Regel gerne in dieselbe. Sie lieben das Singen christlicher Lieder. Auch lernen manche viele Bibelverse auswendig, so daß sie schließlich ganze Capitel auswendig hersagen können. Da trifft es sich aber leider nicht selten, daß, wenn heidnische Eltern ihre Kinder Bibelverse hersagen oder christliche Lieder singen hören, sie ihnen verbieten, ferner in diese Schulen zu gehen, da sie sonst gar vom „Glauben der Väter abfallen" könnten. Infolge dessen sind uns schon öfters liebe Schüler verloren gegangen. Aber trotzdem macht die Sonntagschulsache Fortschritte und wird in derselben guter Same gesäet, welcher zu seiner Zeit edle Früchte bringen wird.

31.

Missionshaus No. 49 Tsukiji.

Dieses Eigenthum wurde im Jahre 1885 zu einem sehr mäßigen Preise für die Missionsgesellschaft der Ev. Gemeinschaft angekauft. Wie schon anderswo angedeutet wurde, steht auf dem hinteren Theil dieses Grundstücks unser Ev. Missionsseminar. Das Haus steht an der Straße in der Nähe des Kanals. An dieses Haus knüpfen sich ernste Erinnerungen aus unserer Missionsgeschichte. Zweimal ist es schon in ein Trauerhaus verwandelt worden, denn beides Dr. Krecker und Schw. Reiß starben in demselben. Dr. Krecker hatte es nahezu fünf Jahre lang als Wohnung genießet, ehe es Eigenthum unserer Mission war. Nachdem es Eigenthum der Kirche geworden war, wohnte eine kurze Zeit Br. Dienst darinnen. Auch fand anfangs unser Seminar darinnen Unterkunft. Als im Jahre 1890 Br. F. C. Reiß in Japan ankam, ward es seine Wohnung und blieb es, bis er 1895 nach Osaka versetzt wurde. Kurz vorher verehelichte er sich mit Frl. Philipps von Osaka. Auf dem Bilde stehen sie beide auf der Veranda. Er hält sein Söhnlein aus erster Ehe im Arme.

Unsere Gräber in Japan.

Zum Schluß die Ruhestätte zweier heimgegangener Missionsarbeiter, nemlich die Dr. Friedrich Krecker's und die der Schw. Alice Louisa Neiß, einer gebornen Hauptführer. Das sind unsere ersten Gräber im Heidenland, eine Schmerzenssaat der Kirche, die herrliche Früchte zeitigen wird.

Dr. Krecker wurde geboren am 31. Januar 1845. Er kam mit den Seinen im Jahre 1876 nach Japan und arbeitete mit großer Selbstverleugnung und Hingabe bis an sein Lebensende. Er starb selig am 26. April 1885 in No. 49 Tsukiji. Seine irdischen Ueberreste ruhen im stillen Aoyama-Friedhof in Tokio, Japan.

Schw. Neiß' Grab ist neben dem des Dr. Krecker. Sie wurde geboren am 12. Februar 1862 in Canton, O., kam mit ihrem Gatten 1890 nach Japan. Sie befundete gleich von Anfang an ein großes Interesse für das Werk Gottes in diesem Lande und nahm nach Kräften Antheil an demselben, bis sie inmitten ihrer Arbeit vom Schauplatz ihrer Thätigkeit abgerufen wurde. Sie starb am 5. Februar 1892. Der Aoyama-Todesacker ist der einzige, auf dem Ausländer begraben werden dürfen.

33.